U0064132

漫畫三十六計 中

洋洋兔 編繪

新雅文化事業有限公司
www.sunya.com.hk

前言

　　《三十六計》又稱《三十六策》，是一部專論謀略的兵書。「三十六計」一語，最早見於《南齊書·王敬則傳》，而成書的準確年代和作者至今難以考證。

　　全書分勝戰計、敵戰計、攻戰計、混戰計、並戰計和敗戰計共六套計。前三套是處於優勢時所用，後三套是處於劣勢時所用。每套包含六計，總共三十六計。三十六計的計名，有的採自歷史典故，如圍魏救趙、暗度陳倉等；有的源自古兵書術語，如以逸待勞、聲東擊西等；有的出自古代詩句，如李代桃僵、擒賊擒王等；有的則借用成語，如金蟬脫殼、偷樑換柱等。《三十六計》堪稱「益智之薈萃，謀略之大成」，其中蘊含着豐富的哲理和無窮的智慧，不僅廣泛運用於軍事鬥爭中，也常用於政治、經濟、外交等方面，對於一個人如何走向成功也具有很好的啟示。

　　本書保留了《三十六計》原文，並提供詳盡通俗的解釋。此外，針對每一計的特點，本書精選了古代典型的戰例，用通俗流暢的故事情節，幽默精美的漫畫畫面，將其中的哲理和智慧凸顯出來，使讀者在輕鬆閱讀的同時，深刻領會《三十六計》中的超凡智慧。

　　親愛的小讀者們，也許沒有什麼比成為一名將軍更加讓你們興奮的了。但是要做一名將軍，你們就必須閱讀這部著作──《三十六計》。

　　《三十六計》是中國兵書的經典著作之一，雖然在明清時期才最終成書，但是作用卻不可低估，因為書中的每一條計策都是血與火錘煉成的經驗，是無數人用生命實踐和驗證過的。小朋友閱讀之後，能夠學習到面對強敵的勇氣和克敵制勝的智慧。

　　不過，現在小朋友要讀懂中國經典名著的原文還是太困難了，因此我們出版了一系列漫畫書。漫畫書是奉獻給孩子們最好的閱讀形式。在中國明朝的時候，有一個很有作為的大臣，為了教會一個小皇帝一些做皇帝的才能，就曾經為他編寫過一套類似於漫畫的圖書──《帝鑒圖説》。偉大的文學家魯迅先生小時候也曾經對一本漫畫形式的《山海經》愛不釋手。

　　除了《漫畫三十六計》系列外，我們還出版了《漫畫封神榜》系列、《漫畫西遊》系列和《漫畫三國》系列。將中國經典名著的精彩內容和生動的畫面相結合，相信你們一定能夠從中獲取很多。希望你們能夠從這些系列中，輕鬆認識經典名著。

目錄

第三套
攻戰計

第四套
混戰計

第三套
攻戰計

打草驚蛇

❖【原文】疑以叩實①，察而後動；復者，陰之媒②也。

❖【解析】①叩實：叩，詢問，查究；叩實，問清楚、查明真相。②媒：媒介。

發現可疑情況就要查明真相，待完全掌握了情況後採取相應的行動；反覆偵察研究，這是對待暗中的敵人及其詭計的手段。

❖【案例】春秋時期，秦國要攻打鄭國。秦軍在行進途中，鄭國的牛販子弦高聽說了這個消息，想回國報告卻已經來不及了。急中生智的弦高假扮成鄭國使臣去見秦軍，讓秦軍以為軍情敗露，只得決定撤軍回國……

人物

秦穆公

春秋時期秦國國君，在位期間重視人才，曾與晉國結成聯盟，聯盟瓦解後，與晉國對抗。

百里奚

秦國賢相，曾諫阻秦穆公不要長途跋涉攻打鄭國。

孟明視

秦國賢相百里奚之子，受到秦穆公的重用，負責領兵攻打鄭國。

弦高

鄭國的一位牛商，最先發現秦國要攻打鄭國的企圖，並為鄭國通風報信。

春秋時期，秦晉爭霸。

對了，順便再聯繫一下楚國……

比牆頭草還厲害，竟然三面倒！

秦國宮殿

鄭國實在不像話，竟然投靠晉國，早晚我要給鄭國一點教訓。

孟明視

大王英明，這也可以滅一滅晉國的威風！

大軍長途遠襲，對方早就有所準備，怎樣能夠取勝？

秦國大臣

我們的鄭國臥底來信啦。

太好了，晉國國君去世，我們的人又掌握了鄭國北門的鑰匙，我們秘密派兵偷襲，定能成功！

11

不可啊，行軍千里，誰會不知道呢？

父親未免太膽小了。

再說我們秦國也可能有鄭國的奸細啊！

百里奚

竟敢拆你老爸的台！

疼！

如此良機不可錯過，就由你帶兵去偷襲！

是！

老爸不要這麼傷感，我們一定會取勝的！

唉，我真的怕你們回不來！

秦國大軍行至滑國地界，遇上了一個鄭國的牛販子。

12

這麼多秦兵？秦國是要攻打我們鄭國嗎？

鄭國牛販子弦高

快，回國去報信！

恐怕來不及了……

慢慢悠悠

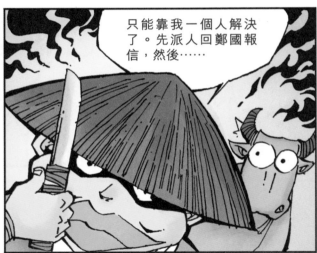

只能靠我一個人解決了。先派人回鄭國報信，然後……

弦高趕着牛羣，偽裝成鄭國使臣去見秦軍。

?

喂，讓一下！

我要見秦國主將。

販牛的兄弟你誤會了，我們不是秦國的軍隊。

被識破了！

你也誤會了，我是鄭國使臣，特來求見秦國主將！

這謊話說得也太離譜了吧！

你真的是使臣？來做什麼？

你真的是主將？來做什麼？

糟糕，說漏嘴了！

我叫弦高。我們的國君聽到將軍要到鄭國來，特地派我送上十二頭牛慰勞貴軍將士，表示我們的一點心意。

你既然是鄭國使臣，可帶有國君文書？

貴軍走得太匆忙，我們國君唯恐來不及犒軍，只好以口諭替代修書。

鄭國情報準確，想必是有備而來啊。

我們並不是到貴國去的，只是出來做些生意，你們又何必這麼費心呢？

我對兩國邊境附近的集市有些研究，現在要做生意的話，應該往東走。

走得越遠越好啊！

多謝多謝！這樣我們也正好順路回去。

將軍客氣了，一路保重！

唉！暴露了，沒法偷襲了！撤吧！

可是，就這樣回去，沒法向大王交代啊。

那就順路把滑國滅了吧，也算是打了勝仗。

滑國被滅後……

孟明視搶了不少玉帛、糧食和人口，裝滿幾百輛大車，取道回國。不料，秦軍在半路中了晉軍的埋伏。

怎麼都是晉國的兵？

我們中埋伏了！

秦軍大敗，孟明視也被活捉。

照你這樣説，那人分明是個牛販子！他是故意打草驚蛇的！

大王，事情的經過就是這樣。

孟明視將軍被他騙了！

弦高故意打草驚蛇，嚇退了不明真相的秦軍，讓鄭國避免了滅亡的命運。

先生救國有功，寡人特地為先生在大殿前立了一座雕像。

牛人

我又不是鬥牛士！

鄭國弦高可謂臨危不亂、機智勇敢的典範。秦國大軍想要偷襲鄭國，必然悄無聲息；弦高面對秦軍，沒有驚懼慌亂，反而察覺到秦軍意圖。在自己來不及回國報信的情況下，弦高以一人之力驚動秦軍，故意「打草驚蛇」，意在警示秦軍，鄭國已做好迎戰準備，請君權衡自己的行動；同時他亦派使者回鄭國報信，請鄭國國君有所防範。

運用此計者必然是臨危不亂、穩如泰山之人，並且在用計時需要注意兩點原則：

其一，找到準確位置與時機「打草」。

其二，在自身能夠全身而退並有十足把握的情況下，深思熟慮，有分寸地「驚蛇」。

燭之武退秦師

　　鄭國區區小國，如同牆頭草一般，為何秦國一再忍耐而不去攻打它呢？這就要説到一個人了，那就是鄭國能言善辯的燭之武。燭之武只是鄭國的一個養馬官，而秦晉兩國圍鄭時，他已年老，但他依舊挺身而出，隻身前往秦營。

　　一天夜晚，燭之武讓人用繩子把他從城牆上放下去，然後來到秦營，見到了秦穆公。燭之武對秦穆公説：「我知道我的國家快要滅亡了，但是為您考慮，鄭國攻不得啊！您想想，鄭國與秦國之間隔了個晉國，鄭國滅亡後，土地將歸晉國所有，您並沒有得到好處，反而使晉國的實力變強了。而且晉國的野心並不止於此，如果晉國向西拓展疆域，損失的又是誰呢？如果秦國不打鄭國，那麼鄭國必然熱情接待秦國的使者，供給你們需要的東西，何樂而不為呢？希望您考慮這件事。」秦穆公聽了，覺得很有道理，於是撤兵，並與鄭國簽訂了盟約。最後晉國也只好退兵，鄭國得以保存。

借屍還魂

❖【原文】有用者，不可借；不能用者，求借。借不能用者而用之，匪①我求童蒙②，童蒙求我。

❖【解析】①匪：同「非」。②童蒙：孩童幼稚無知，此處指蒙昧、受控制的人。

凡是自身可以有所作為的人，就不甘願被別人利用；而那些自身難以有所作為的人，往往需要依賴別人求得生存，可能被人利用。控制那些自身難以有所作為的人為我所用，不是我求助於他們，而是他們求助、依附於我。

❖【案例】秦始皇統一六國後，施行暴政。秦二世元年，陳勝、吳廣帶領戍卒到漁陽戍邊服役時，二人暗中協商，準備發動起義。他們在戍卒中宣傳秦朝太子扶蘇及楚國名將項燕的為人和功績，以他們的名義發動了大澤鄉起義，取得了巨大的成功⋯⋯

人物

秦末農民起義領袖，與吳廣一同在大澤鄉
率眾起義。兵敗後，被車夫刺殺。

陳勝

與陳勝一同起義，
後在攻打滎陽時，
被部下所殺。

吳廣

秦始皇統一六國後，施行暴政。秦
二世元年，陳勝、吳廣為屯長，帶領
九百人到漁陽戍邊服役。

咚！

噗！

疼死了⋯⋯還是先
避雨吧⋯⋯

⋯⋯

幾天後⋯⋯

大雨沖毀了道路，不能
前進，心情真鬱悶啊。

喂，酒灑
出來了！

23

給我拉出去打！

唉，我們的日子過得太窩囊了！

……

饒命啊！

打死為止！

橫豎都是死，不如奮力一拼，尋求一條活路！

對！即使不被軍官虐待死，我們因暴雨誤了期限，也會被處斬。

你願意和我一同反抗秦朝的暴政嗎？

願意！

不過，你我地位低下，恐怕沒有號召力。

我們需要打着有威望之人的旗號才行。

對，那樣才能一呼百應！

明天我們就依計行事。

好！

期限將近，我們已經沒有活路了。

可不是嗎？連遺書都沒有人幫忙帶給家人啊！唉……

大家可知道秦始皇的長子扶蘇？

扶蘇溫良賢明，本該為帝，卻被他的弟弟胡亥暗中殺害，不然我們百姓也不會過這種牛馬不如的苦日子。

有道理！

大家又可知道楚將項燕？

那是我們的偶像！

楚國的大將項燕，立過大功，愛護將士，威望極高，在秦滅六國之後不知去向。

其實……我剛才說的那兩個人並沒有死！

真的嗎？

沒錯，大家想不想去投奔他們？

真能這樣的話，我們不僅有了活路，還可以幹一番事業！

我們願意追隨扶蘇和項燕！

好！那我們起兵的口號就是「復興楚國」！

咚！

聊夠了嗎？天晴了，快趕路！

……

借屍還魂，這辦法果然有效！

不過，為了樹立威信，讓大家願意聽從我的指揮，還需要其他手段。

27

一定是狐仙的叫聲！

異兆連連，這是上天要讓陳勝稱王啊！

第二天⋯⋯

真是辛苦你叫了一整夜，現在人心所向，是時候了！

情況怎樣了？

這一天，軍官喝醉了酒。吳廣帶着幾個人故意跑去激怒他。

大雨誤了行程，我們難以按時到達啊，去了不是送死嗎？

閉嘴，你這是擾亂軍心！

反正誤了期，乾脆就讓大家散去吧。

各位，我們遇上了大雨，已不能按期抵達漁陽了，而誤期就要被殺。英雄不死則已，既然要死，就要死得驚天動地！

自古的王侯將相，難道都是命中注定的嗎？

我們願意聽從你的號令！

好！我們就以太子扶蘇、楚將項燕的名義起兵，復興楚國，推翻秦王朝！

復興楚國！推翻秦王朝！

陳勝成為稱霸一方的「陳王」。

於是，陳勝自號為將軍，吳廣為都尉，率領士卒攻佔大澤鄉。從此，天下英雄雲集響應，起義軍節節勝利，所向披靡。後來，部下擁立陳勝為王，國號「張楚」。

楚

　　陳勝早年就表現出遠大志向，曾對一起耕田的兄弟們說：「燕雀怎麼知道鴻鵠的志向呢？」意思是平庸的人無法了解志向遠大者的抱負。果然，陳勝後來以被冤殺的太子扶蘇和楚國的名將項燕的名義，發動羣眾揭竿起義，推翻秦朝的黑暗統治。

　　「借屍還魂」計十分巧妙，使用時需要天時、地利、人和，並注意三點原則：

　　其一，尋找適當的時機，不能為急於「還魂」而草率行事。

　　其二，尋找到可以利用和控制的力量。

　　其三，用計者要具有強大實力且立場堅定，不會反過來被所「借」的東西控制。

陳勝驕奢失人心

我們經常説，虛心使人進步，驕傲使人落後。古往今來，人們各種各樣的行為都印證着這句話。而在古代，有人甚至因驕傲而喪命，陳勝就是這樣的一個例子。

陳勝稱王後，逐漸被地位與利益蒙蔽了雙眼，忘記了與兄弟一起耕田時所説的「誰要是富貴了，都不要忘了兄弟們」。有一天，陳勝的一個同鄉知道他稱王了，想來投靠，卻被擋在門外，直到陳勝要外出了才被接見。陳勝的同鄉見到他後十分高興，懷念起與他一起吃苦的日子。之後，有人對陳勝説：「您的朋友胡説八道，有損您的威嚴啊。」於是陳勝將他的同鄉殺害了。許多與陳勝一起打拼的兄弟看到此情此景都十分失望，紛紛離開了他。陳勝失了人心，最終竟然被跟隨自己的車夫殺害，可見驕傲自滿要不得。

調虎離山

❖【原文】待天以困之，用人以誘之，往蹇①來返。

❖【解析】①蹇：粵音見²，難於行走，指困難。

等待自然條件對敵方不利時再去圍困他，用人為的假象去誘騙他。向前進攻有危險時，那就想辦法讓敵人反過來進攻我。比喻用計使對方離開原來的地方，以便乘機行事。

❖【案例】東漢末年，軍閥相爭。江東的孫策想要奪取廬江太守劉勳的地盤，趁劉勳的軍隊缺糧之際，孫策派人送了大批糧草及其他禮物給他，並説服他去攻打富庶的上繚。劉勳輕信孫策，帶着軍隊前往上繚，沒想到孫策借這個時機，輕鬆地佔領了城內空虛的廬江……

三國時期吳國的奠
基者之一，後來在
一次狩獵時被刺客
所傷，不久身亡。

孫策

東漢末年廬江太守，
後被孫策打敗，投奔
曹操。

劉勳

東漢末年，軍閥並起，各霸一方。

江東的孫策想要奪取廬江太守劉勳的地盤。

現在是奪取廬江的時候了！

廬江的劉勳勢力強大，我們不能硬攻。

若能將他的部隊引出來，我們便可乘虛而入，拿下廬江。

孫策

太史慈

劉勳靠長江天險固守城中，又怎會輕易出兵呢？唉，等待機會吧……

盧江郡

咦，遠處來的是什麼人？

我們要去投奔江東的孫策，望太守放行！

為什麼你們不投奔我，反倒去投奔孫策？

孫策的軍紀嚴明，而且德才兼備，太守不如和我們一同去投奔他吧。

你們這是在罵我無德嗎？都給我抓起來！

機會來了！劉勳借不到糧草，一定很惱火。

上繚一帶十分富庶，劉勳若非顧及我們，早就攻取了。

我們可以藉此機會勸他出兵上繚！

我願前去說服他。

太史慈，真帥！

你們先回廬江，就說……

是！

廬江郡

說我什麼？

上繚太守不肯借糧，還說主公您……

39

說您驕傲張狂，是個醜八怪……

掉進河裏就是烏龜……

發兵，攻上繚！

我軍糧草不足，不能出兵！

江東太史慈求見，還帶來了大批糧草。

真是天助我也！

江東跟我們從來沒來往，他有什麼目的呢？

太守功名遠播，威震四方，我家主公願意與您交好，特派我前來送上禮物。

太客氣了。

上繚經常派兵侵擾我們，我們力弱，不能遠征，請求太守發兵降伏上繚，我們感激不盡。

我若去攻上繚，你們可願出兵助我？

定當鼎力相助！

即刻發兵，合攻上繚！

總覺得有什麼地方不妥……

嘿嘿！

孫策大營

劉勳親率幾萬兵馬去攻上繚了。

「老虎」已被我調出山了，我們趕快去佔領他的老巢吧！

41

盧江

準備攻城！

我們投降，將軍請進……

還真是輕鬆……

大家小心！

報！逮住了一輛官家馬車。

我是劉太守的夫人，竟敢捉拿我？

就是要捉拿你！

這時，劉勳來到了上繚附近的海昏，卻發現是一座空城。

兵都跑哪裏去了，怎麼不見蹤影？

害我白忙了一場！

報！江東之兵水陸並進突襲我軍，盧江已經失守了！

43

居然上了孫策的當!

主公大意輕敵,注定落敗啊。

還好我的夫人和孩子沒事!

唉,恐怕高興得太早了⋯⋯

慢着!我的妻小呢?

主公的夫人和公子都被孫策抓了⋯⋯

結果劉勳在回師途中,遇到了孫策布下的埋伏。

果然有埋伏⋯⋯眼下我們只有投奔曹操了⋯⋯

當心有埋伏!

豈有此理!我要奪回廬江,向孫策報仇!

運用「調虎離山」計，核心是「調」。首先要掌握敵人的弱點或者敵人最關心的東西，利用它們將敵人調離其熟悉的環境，然後一邊奪取目標，一邊消滅敵人。此計是對付佔據堅固陣地和天然屏障的敵人的常用辦法，有事半功倍和減少損失的功效。

孫策正是利用了劉勳的弱點——貪財，引誘劉勳離開自己的地盤去攻打其他地區，之後乘機佔領了劉勳的領地。

闔閭設計刺殺吳王僚

善於運用「調虎離山」計的人數不勝數，除了孫策，還有足智多謀的伍子胥（粵音需）。

吳王闔閭（粵音合雷）還是公子光的時候，想要刺殺當時的吳王僚並取而代之，但苦無機會。正在此時，伍子胥投奔吳國，知道了公子光的意圖，給他舉薦了一位名叫專諸的勇士。

吳王僚趁着楚國有國喪，乘機攻打楚國，卻被楚軍斷絕後路，進退不得。伍子胥跟公子光分析形勢：「吳王攻打楚國，由他的兩位弟弟掩余和燭庸領兵，現在吉凶不定，國內兵力空虛，這樣的機會可一不可再，不能錯過！」

公子光與專諸也認為這是刺殺吳王僚的好時機。他們知道吳王僚最愛吃烤魚，而專諸之前更特意拜師學習烹調烤魚，於是他們以烤魚誘惑吳王僚，請他到公子光的府中赴宴。當專諸奉上烤魚之際，就利用藏在魚肚的劍刺殺吳王僚。最後公子光成功取代吳王僚，成為吳王闔閭。

欲擒
故縱

❖【原文】逼則反兵[1]；走則減勢。緊隨勿迫，累其氣力，消其鬥志，散而後擒，兵不血刃[2]。需，有孚，光[3]。

❖【解析】①反兵：回師反撲。②兵不血刃：兵器上沒有沾血，形容在正式交戰前已戰勝敵人。③需，有孚，光：需，等待；孚，為人所信服；光，光明、通達。

把敵軍逼得太緊，對方就會拚命反撲；如果故意給敵軍放一條生路，使其放鬆戒備，反而能消減其氣勢。緊緊跟隨逃跑之敵，不過於逼迫，以消耗其體力，瓦解其鬥志，待其潰散時再捕捉他們，就能夠不戰而勝。等待時機，不進逼敵人，並讓其相信這一點，就能贏得光明的結局。

❖【案例】三國時，魏蜀吳三分天下，諸葛亮為蜀漢丞相。當時，南中地區的少數民族多次起兵，蜀漢後方極不穩定。諸葛亮親自帶兵討伐叛軍，捉住了叛軍首領孟獲。但諸葛亮隨後釋放了他，並答應給他再次交戰的機會。孟獲七戰七敗，終於表示自己輸得心服口服，願意死心塌地歸順蜀漢。

三國時期蜀漢的丞相，輔佐劉備建立蜀漢政權，劉備死後掌管大權，輔助後主劉禪，曾數次北伐曹魏，終因勞累過度病逝於五丈原。

諸葛亮

三國時期蜀漢南部南中一帶的少數民族首領，起兵反叛蜀漢，後被諸葛亮降伏。

孟獲

東漢滅亡後，魏、蜀、吳三分天下。

蜀漢

出兵滅了他們！

諸葛亮

稟丞相，南中的西南夷起兵造反！

南中二百多個部族，恐怕一波未平一波又起。

二百多個……

平定南疆，攻心為上。

哼！

你已被我活捉，怎麼還如此趾高氣揚？

那是因為山路太窄，我才會被捉的。

不肯投降嗎？

哼！如果再戰，我不一定輸給你。

好，那我放你回去，我們再戰。

聽說這次叛亂，全是你唆使的？

冤枉啊！你是聽誰說的？

哼！

孟獲副將

你們首領說的啊。

哼，真沒義氣！

51

52

內賊陷害，我不服！不服！

放他走。

還放？我們遠道而來，丞相這樣輕易放走敵人，實在太兒戲了。

不能再放虎歸山了。

孟獲在南方各部中威望極高，必須讓他心服，南方才能真正穩定。殺了他，南方各族就會大亂，到時候更難控制。

孟

大哥，我有個辦法。

這次我們也要用計策。

孟優

漢

降

呵呵，詐降的雕蟲小技瞞不到我。

設宴，款待將軍！

他們的酒真好喝！

偷襲軍營，活捉諸葛亮！

孟優怎麼還不出來接應？

……

昨晚喝得真痛快。

渾蛋,你不是説來詐降,然後我們裏應外合嗎?

對不起,我喝多了!

算了,回去再過招。

丞相還沒説放人呢,你倒是挺自覺啊!

這次也不能怪我,只怪我弟弟太笨⋯⋯

藉口比你身上的蝨子都多。

放。

還放?

你的士兵都穿了刀槍不入的藤甲,我方卻什麼都沒有啊,這公平嗎?

數月間,孟獲已被抓放了六次。後他投奔了烏戈國,招來藤甲軍。

諸葛亮,我們公平地打一仗吧。

使用「欲擒故縱」計，最需要注意的是時機和分寸。

首先，在恰當的時機「縱」。敵人如果被逼得走投無路，往往會背水一戰，所以在敵人走投無路之前，主動給敵人逃生的機會，趁他們疲於奔命之時再進攻。

其次，「縱」得有度。給敵人逃生機會，並不是放虎歸山，而是令敵人鬥志懈怠，然後我方尋找機會，殲滅敵軍。

諸葛亮七擒七縱孟獲，是為了安撫南中各族，而不僅僅是在軍事上擊敗他們。諸葛亮使用的「擒」與「縱」頗為精彩，讓孟獲心悅誠服，最終歸降。由此，蜀漢穩定了後方，開始北伐曹魏。

孟獲之妻祝融夫人

　　在《三國演義》這本小說中，對七擒七縱孟獲的故事有豐富的描寫。孟獲身為西南蠻族叛軍首領，也算是膽識過人了，但他還有一位巾幗不讓鬚眉的夫人。傳說孟獲的妻子是火神祝融氏的後裔，所以稱為祝融夫人。祝融夫人不僅美豔無比，而且武功不凡，擅長飛刀，可百發百中。

　　諸葛亮五擒五縱孟獲之後取得了三江城，孟獲很慌張，祝融夫人大笑着說：「你身為男子，怎麼無勇無謀？我雖是一個婦人，願替你出戰。」

　　於是祝融夫人拿着丈八長標，背插五口飛刀替孟獲出戰，生擒了蜀將張嶷（粵音兒）和馬忠。然而，祝融夫人因受不住趙雲的挑釁，上馬迎戰，結果被暗中埋伏的馬岱擒下，孟獲用張嶷、馬忠二人換回了祝融夫人。雖然祝融夫人一度被俘，但不能否認她的英勇果敢，真可謂女中豪傑。

拋磚引玉

❖【原文】 類①以誘之，擊蒙②也。

❖【解析】 ①類：類似，同類。②擊蒙：擊，打擊；蒙，蒙昧。

用十分相似的手段迷惑敵人，打擊懵懵懂懂地上了鈎的敵人。

❖【案例】 武則天統治時期，契丹反周。負責征討契丹的武周將領張玄遇是個好大喜功的人。契丹將領孫萬榮一番思索後，將自己營內的老弱殘兵派去武周軍營，他們散布契丹糧草不足的假消息，並主動承諾為武周軍隊擔任嚮導。張玄遇被虛假的勝利在望沖昏了頭腦，貿然以契丹「降軍」為嚮導，直接帶兵進入了契丹的包圍圈……

武則天

中國歷史上唯一的女皇帝，原為唐高宗皇后，登基後，改國號「唐」為「周」，亦稱「武周」。

孫萬榮

武周時東北地區契丹部首領，武則天執政時舉兵謀反。

張玄遇

武周將領，奉武則天之命率軍平定契丹叛亂。

公元696年，契丹反周，打算先攻佔營州。

反周！先
取營州！

舉兵反周！

沒多久，營州便被孫萬榮所取。

武則天聞訊大怒，派兵
出征，想奪回營州，平定契
丹叛亂。

張玄遇、曹仁師，你
們去把營州奪回來。

遵命！

奪回營州有重賞，別讓曹仁師搶了頭功！

聽說契丹元帥孫萬榮熟讀兵書，頗有計謀，將軍萬萬不可大意輕敵啊。

哼，我從來就沒把契丹人放在眼裏。

契丹與武周軍正面交鋒，敗退下來。

孫

那八成是傳說中的禁軍，個個勇猛善戰。

不知道武周軍從哪裏找來的武林高手，真難對付！

武周軍此次前來聲勢浩大，既然正面交鋒於我不利，那就先撤回營州再說。

營州

你偷偷地……

好的，明白。

牢房

咔！

你們吃頓飽飯，就各自逃命去吧。

周軍俘虜

呸！樹皮粥？

吃吧，只有這個了！

我們自己都吃不飽了，又不忍心殺掉你們，就放你們回去吧。

原來是城中沒糧，養不起我們了。

我們被抓的人逃回來了。

營州情況怎麼樣?

嚴重缺糧!

好!傳令下去,火速前進,直取營州!

契丹軍營

老弱殘兵

是否要送他們回契丹,節省軍糧?

不,我要讓他們去武周軍營。

將軍你這是借刀殺人啊！

你們隨軍打仗已不會有所作為，但如果你們肯向武周投降……

採取此計，可立大功。

一切都聽將軍吩咐！

好！這幾天你們就不要吃飯。

啊？

黃獐谷

憑我的沙場經驗，前面應該有埋伏。

將軍，我們抓到幾個契丹逃兵。

你們可是奸細？

什麼奸細？我們是吃不飽飯，逃出來的。

糧草不足，又有逃兵，契丹軍心一定不穩，我們此時不進軍，更待何時啊！

只要給一口飯吃，我們願意為將軍當嚮導。

好！殺進營州城，活捉孫萬榮！

給我射！

射！

啊！

啊！

想不到我堂堂禁軍統領……竟會上了幾個老弱殘兵的當……

搜到張玄遇的將印！

好戲還沒完呢。

可惡，張玄遇搶我的頭功不說，還寫信來吹噓！

孫萬榮大敗張玄遇後，領導契丹人繼續與武周作戰。

咚

？

　　使用「拋磚引玉」計需要技巧。用計者須考慮怎樣的「磚」才能引來「玉」：

　　其一，拋出的東西要比引來的東西價值小，否則得不償失。

　　其二，「磚」是誘餌。此誘餌必須能夠調動敵人，敵人才會落入圈套。

　　其三，有成功的把握之時才拋「磚」。此「磚」只能拋一次，第二次敵人就不會上當了。

　　孫萬榮確認武周的將領們急於求成、好大喜功，所以就用最能引誘武周軍的假象去誘使他們貿然進軍。武周軍果然上當，進入了契丹的包圍圈。孫萬榮用的「磚」只是不值錢的「假磚」，便將強大的武周軍一網打盡，實在是獲利豐厚。

孫萬榮舉兵反周

　　從這個故事可見，孫萬榮可謂是智勇雙全。孫萬榮為何起兵反周？他與武周作戰的最終結果又是怎樣呢？

　　唐高宗後期，武則天專政，為了登基稱帝，她對內鏟除異己，對外打擊邊陲少數民族，使國家動盪不安。之後契丹發生饑荒，營州都督不但不賑災，還要奴役契丹人，引起了契丹人的不滿，於是孫萬榮與李盡忠共同商議舉兵反周，同時也開啟了東北少數民族與中原政權二百多年的戰亂。

　　由於孫萬榮的足智多謀，武周軍一直沒有辦法取勝，直到突厥可汗默啜用計，利用孫萬榮派來的使者做嚮導，攻入契丹空虛的後方，孫萬榮無法顧及，使得軍心渙散，以致敗北。走投無路之下，孫萬榮歎息道：「今歸順武周是死，歸順突厥也是死，歸順新羅同樣是死，那麼該去哪兒呢？」最後他被家奴殺死。

擒賊擒王

❖【原文】 摧其堅，奪其魁①，以解其體②。龍戰於野，其道窮也。

❖【解析】 ①魁：第一、大，此處指首領、主帥。②體：軀體、整體，此處指全體軍隊。

 擊潰敵人的主力，抓獲他們的首領，便可瓦解全軍，這就好像蛟龍離開大海在原野上作戰而面臨絕境一般。

❖【案例】 安史之亂時，叛臣安祿山死後，其子安慶緒派將領尹子奇率十幾萬人攻打睢陽城（睢，粵音需），睢陽太守許遠以才能不及河南節度副使張巡為由，推舉撤到睢陽的張巡為主帥，據城固守。敵強我弱，唐軍始終不能破敵。多次對戰後，睢陽城內的箭矢已所剩不多。張巡急中生智，下令士兵以秸稈（水稻、小麥等作物成熟脫粒後剩餘的莖葉部分）為箭射敵，引誘尹子奇現身。尹子奇中箭受傷，落荒而逃，叛軍不攻自亂。

張巡

唐朝安史之亂時的著名將領，機智勇敢，帶領唐軍多次打敗叛軍，以少勝多。

南霽雲

唐朝大將，勇武過人，安史之亂時，協助張巡抵抗叛軍。

尹子奇

安史之亂的叛軍將領，在攻城時被南霽雲射瞎左眼。

唐朝安史之亂時，叛將尹子奇
帶兵攻打睢陽城。撤至睢陽的將領
張巡和神箭手南霽雲據城固守。

叛軍有多少人？

張巡

南霽雲

一萬三千人，是
我軍的兩倍呢。

等等……不是
一萬三千……
是十三萬！

73

74

叛軍營地

ZZ

咚！咚！

唐軍衝出來了？
快迎戰！

尹子奇帶人舉着火把來到城下，只見城門
緊閉，毫無動靜。

……

張巡你這個鼠輩，只敢嚇唬人嗎？

將軍，我們要攻城嗎？

晚上弓箭更難躲，回營，全軍戒備！

唐軍

哈哈！用鼓聲使他們疲憊，然後再發動進攻。

叛軍營地

zzZ

咚咚咚……

不知道他們在盤算什麼，害我這小心肝撲通撲通的。

唐軍只打雷不下雨，只聽見擂鼓聲，不見出戰。

睏死了！

咚-咚-咚……

這鼓聲聽多了，倒也習慣了。

好，今天一定要攻下睢陽！

鼓聲停了，我們先睡一會兒……

衝啊！殺啊！

這回改用喊的了？

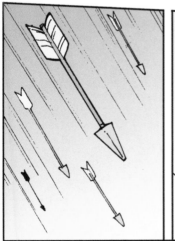

他們真的來了！迎戰！

先射尹子奇！在帥旗下邊！

好！

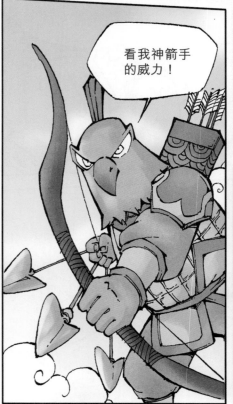

看我神箭手的威力！

啊！

啊！

快反擊，快反擊！

　　「擒賊擒王」計可說是最直觀的一計。顧名思義，先俘虜敵人的首領，就可以瓦解敵人、消滅敵人。唐軍與叛軍相比，兵力遠遠不足，但張巡抓住了「擒賊擒王」的關鍵，讓南霽雲射中了叛軍的主將尹子奇。叛軍羣龍無首，亂作一團，自然就沒有戰鬥力了。

　　此計運用到生活中，「王」即寓意要害、關鍵、綱領。我們解決問題時，抓住事情的要害或關鍵，就可取得事半功倍的效果。

宛轉蛾眉馬前死

公元 755 年，節度使安祿山趁着唐朝內部空虛腐敗之際起兵反唐，史稱「安史之亂」。安史之亂使唐朝遭受了巨大損失，從此由盛轉衰。中國的四大美人之一——楊貴妃也死在此次戰亂之中。

公元 756 年，安祿山兵臨長安，唐玄宗帶着楊貴妃逃往蜀中，途經馬嵬坡（嵬，粵音危）時，隨駕禁軍稱楊貴妃為紅顏禍水，安史之亂就是因為唐玄宗寵愛楊貴妃不理政事而起，所以要求處死她。唐玄宗不忍，但在當時情況下，他為求自保，只能妥協答應，賜死楊貴妃。

安史之亂平定後，唐玄宗派人去馬嵬坡尋找楊貴妃的遺體，但是不曾找到。一代美人就在戰亂中香消玉殞了，後來詩人白居易寫了一首關於楊貴妃的詩《長恨歌》，詩云：「六軍不發無奈何，宛轉蛾眉馬前死。」

第四套
混戰計

釜底抽薪

❖【原文】 不敵①其力②，而消其勢，兌下乾上之象。

❖【解析】 ①敵：對抗、攻擊。②力：強力、鋒芒。

不要迎著敵人的鋒芒與之硬拼，而是要設法削弱敵方的氣勢，採取以柔克剛的策略，轉弱為強。

❖【案例】 東漢末年，軍閥混戰，其中之一的袁紹起兵攻打「挾天子以令諸侯」的曹操。兩軍相持三個月，曹軍糧草漸漸耗盡，此時又傳來消息，袁紹調集了一萬多車糧草，囤聚在烏巢……

於是，曹操決定速戰速決。他召集精兵，換上袁紹的旗號，夜襲袁紹囤糧之所，一把火將袁紹的糧草燒個精光！袁軍大亂，不戰而敗。這就是著名的官渡之戰。

袁紹

東漢末年軍閥之一，曾率領諸侯對抗董卓，後在與曹操的爭奪中兵敗官渡。

淳于瓊

袁紹手下部將，官渡之戰時負責駐守烏巢，遭曹操偷襲而慘敗。

許攸

本為袁紹手下謀士，官渡之戰時投奔曹操，並獻計讓曹操帶兵燒毀袁紹的糧草。

曹操

三國中魏國的實際開創者，在生時未稱帝，後被其子曹丕追封為「魏武帝」。

曹操

許攸

許攸，你和曹操是老交情了。

東漢末年，軍閥混戰，各據一方。

北方剛剛安定，這時遠征，對我軍不利。

總之我要起兵伐曹！

袁紹

謀士許攸

你可不准有二心啊！

我……

袁紹不聽勸告，出兵伐曹。

曹曹曹

袁袁袁

86

可惡！

兩軍相持三個月。

唉！現在一天只能吃一個豆餅，哪有力氣打仗呢？

丞相現在心裏也沒底了，聽説又向後方發了催糧書信。

你們在議論什麼？

沒……沒什麼……

袁軍十七萬人，我軍兩萬人，攻又不行，守又沒糧，怎麼辦？

將軍，我們截獲了曹操的催糧書信，他們要斷糧了啊！

太好了，我們趁此時出兵襲擊曹操的後方許都，曹操斷糧又失後方，一定不攻自破！

將軍，許攸的姪子貪污公款，最近剛下獄了……

你姪子貪財受賄，可見你不能治家，不值得信任！

既然懷疑我，我就當真謀反給你看！

走着瞧！

丞相，許攸來投！

哎呀，先生快請進！

我軍糧草已盡，士氣低落，請先生教我破敵的辦法！

速戰速決，釜底抽薪。

袁軍如旺火燒的一鍋沸水，士氣正旺，丞相與其加冷水止沸，不如把柴火從鍋底抽掉。

不要提鍋，肚餓！

咕

糧草不只是你的命脈，也是袁軍的命脈！

先生的意思是，斷他糧草？

沒錯！袁紹新調集的一萬多車糧草都屯集在烏巢，無重兵把守，至於那守將淳于瓊⋯⋯

勇猛無比嗎？

丞相去了就知道了。

五千精兵已經集合完畢。

咕～

換上袁紹旗號，跟我夜襲烏巢。這仗打贏了，我們就有河北的小棗、山東的大餅吃了！

我們願意拼死一戰！

為了勝利！

為了大餅！

好大的酒味！

過來，陪我喝一杯！

淳于瓊

原來淳于瓊是個酒鬼啊！

一隊去阻截袁紹的援軍，防止他們來救火！

一隊去燒糧草！

對不起，我剛才太激動，把糧草全燒啦……

好氣勢！袁軍沒了糧草一定大亂。號召將士全面進攻！

大餅沒了……

什麼？

一萬車糧草化為灰燼？怎麼辦？怎麼辦？

淳于瓊愛喝酒，曹操是怎樣知道的？

許攸投靠了曹操，一定是他出的計策！

你還有臉說？沒用的傢伙！為什麼不勸我留下許攸？

糧

袁軍糧草被燒，軍中大亂，很快潰敗。

　　釜底抽薪，字面上的意思即是從鍋底抽掉柴火。我們都知道把一鍋水架在火上，一會兒就能煮沸，這是因為水不斷地吸收熱量，直到溫度達到沸點。如果想要制止熱水沸騰，可以往鍋中倒入冷水，也可以拿走柴火。倒入冷水只能暫時起到止沸效果，而取走柴火才是一勞永逸的辦法。

　　許攸燒糧一計，使曹軍不費吹灰之力大敗袁軍，正符合《孫子兵法》中的「不戰而屈人之兵」。直接與袁軍抗衡，勢必傷亡無數，還可能會兵敗，而直接斷絕袁軍的生存根源，破壞其所依存的有利條件，便成功了，這就是「釜底抽薪」計的作用。

渾水摸魚

❖【原文】 乘其陰①亂，利其弱而無主。隨②，以向晦入宴息。

❖【解析】 ①陰：內部。②隨：順從。

趁敵方內部發生混亂，利用其力量虛弱並且沒有首領的時機，使敵方順從我方，就像人順應天時，到了晚上一定要休息一樣。

❖【案例】 唐朝開元年間，契丹叛亂，朝廷派張守珪平定契丹之亂。契丹大將可突干突然向張守珪表示要投降，張守珪意識到這其中有詐，便將計就計，以「招安」的名義派人去契丹軍營，探明了契丹將領李過折與可突干的矛盾，並借酒挑撥，就勢撒下了二人不和的種子。隨後，李過折殺死了可突干，契丹軍亂作一團，張守珪乘機進攻契丹大營，大獲全勝。

人物

可突干

唐朝時契丹大將，唐玄宗在位時，數次反叛。

李過折

原為契丹官員，為可突干分管兵馬，後斬殺可突干降唐。

張守珪

唐朝著名戍邊將領，屢次戰勝契丹叛軍，立下戰功。

王悔

張守珪部下，奉命查探契丹底細，並設計使李過折斬殺可突干。

唐朝開元年間，契丹叛亂，
多次侵犯唐朝邊境。

王悔

朝廷任命張守珪為幽州（今北京一帶）長史，
平定契丹之亂。張守珪連戰連勝……

張守珪，這次
算你厲害！

前幾次他也
很厲害啊。

契丹大將可突干

幽州

要打贏他，看來需要用
些計謀了……

我們將軍可突干自知
不是您的對手，願意
重新歸順朝廷。

那太好了！

張守珪

昨天還來攻城，現在卻主動求和，必定有詐！

住口！

做人要講誠信，更要信任別人！

要是朝廷准降，我們保證永不進犯。

嘿，契丹勢力正旺，怎會主動求和？不如將計就計……

來來來，以後都是自己人了。

我是讓你去探聽唐軍虛實，不是去喝酒啊！

虛實就是……他們的酒……真是好酒……

次日，張守珪派部下王悔到契丹軍營「渾水摸魚」……

我代表朝廷來這裏招安。

98

快，準備酒宴！

等我把他們灌醉，趁機全殺掉。

來，一起喝！

怎麼不見你們分掌兵馬的李過折將軍呢？

我們喝酒，提那人做什麼……

哦……

將軍果然不願意提起那個人……

．．．．．．．．．

可突干將軍是不是和李過折將軍有矛盾？

他們為爭兵權，一向不和，互不服氣。

那我去李過折那裏看看。

可突干將軍深明大義，勇冠三軍，武功蓋世……真是天底下難得的將帥……

李過折

呸！他那三腳貓的功夫，還不及我的一半……

就是他帶頭反唐，讓契丹陷於混亂，分明是個罪人！

不能這樣説，他已經準備歸順朝廷了。

哼，歸順？他已向突厥借兵，不日就要攻打幽州！

這麼重要的消息，將軍都肯透露，我代表朝廷感謝你！

唐軍實力雄厚，可突干必敗，將軍若是脱離可突干，建功立業，朝廷一定會重用你。

這……

説漏嘴了……

王梅連夜趕回唐營。

水已經攪渾，大魚即將上釣！

你身上酒氣這麼重，為什麼一點都沒醉？

嗅

屬下不敢多喝，全倒在脖子裏了。

第二天晚上

營後有軍馬到來！

突厥援軍到了！

可突干

101

李過折

怎麼是你？你要做什麼。

聽你的話去歸順朝廷啊！

我那是詐降！

我可是真降！

嗿！

嗿！

摸魚的時機到了,殺!

怎麼回事?

可突干呢?

已經被李過折殺死了。

一條大魚。

李過折歸順唐朝後，被封為北平郡王。

李過折做了北平郡王，以後不會再反叛吧？

恐怕他想反叛也不能了，他已被可突干餘部殺害！

唉，也算應有此報了！

這也是一條大魚呢！

最後，契丹餘部歸降唐朝，叛亂平息。

　　看了張守珪的故事，我們可發現使用「渾水摸魚」計需要把握兩點原則：

　　其一，把水攪渾。設計干擾對方，令其無法應對。

　　其二，己方乘虛而入。水已攪渾，不要遲疑不前，要抓住時機攻擊敵人。

　　張守珪用計用得恰到好處，先派部下王悔到契丹軍營「把水攪渾」，使契丹軍發生內鬨，然後乘機進攻，大敗契丹。可見，在兩軍對峙的時候，最重要的是把主動權掌握在自己手中，為了達到這個目的，要想方設法給對方製造混亂，在亂中得利。

金蟬脫殼

❖【原文】存其形，完其勢①；友不疑，敵不動。巽②而止，蠱③。

❖【解析】①存其形，完其勢：保存陣地已有的戰鬥陣容，完備繼續戰鬥的各種態勢。②巽：粵音信，退讓。③蠱：惑亂。

保持陣地原來的面貌，維持原來的氣勢，使友軍不懷疑，使敵人也不敢貿然進犯。暗中謹慎地把主力轉移，穩住敵人；乘敵不懷疑之機，順利脫離險境。

❖【案例】南宋與金之間的戰事不斷。公元 1206 年，抗金將領畢再遇以三千兵卒對金的三萬騎兵，知道自己無法與之對抗，連撤離的機會也不大。於是，他先派士兵擂鼓叫陣，讓金兵以為宋兵一直都在營地裏；然後又偷偷地在樹上捆綁了一羣羊，並在牠們的腳下放上鼓。在羊兒們「敲」出的鼓聲中，宋兵順利地撤離了。

南宋抗金名將，勇冠三軍，在與金兵的
交戰中幾乎從未打過敗仗。

畢再遇

南宋與金之間的戰事不斷，宋寧宗年間，出了位抗金名將，叫畢再遇。

畢再遇

公元1206年，畢再遇率宋軍與金軍對壘，接連打了幾次勝仗。

宋

宋

將軍接連得勝，陛下讓我帶這些羊來慰勞大家。

宋

先牽到後面去，等我今天得勝回來再吃也不遲。

金國調集數萬精銳士兵，要與宋軍決戰。

金

你們屢敗屢戰，又屢戰屢敗，還是投降了吧。

這次要你好看！

金將

隆！ 隆！

啊？沒想到他們的援軍這麼多！

勢均力敵時打不過你，現在我看你怎麼辦！

隆！ 隆！ 隆！

哼，我的援軍也不少！

怎麼樣？

撤！改天再打。

宋

剛才後方為何傳來巨響？

羊……羊跑出來了！

跑得好！

將軍，我們明天還要與金軍打一仗嗎？

我們只有三千人馬，人家來了三萬援軍，如果與金軍決戰，必敗無疑。

他們都是騎兵部隊，我們一退就會被追殺。

那即是要撤了？

那怎麼辦？

告訴廚子，烤羊吃！

將軍已經放棄了嗎……

要撤退，又不能被發現……

咩咩！咩咩！

有辦法了！

最後的晚餐……

打不過，逃不掉。

死定了！

住手！

什麼?不烤羊了?

都給我擂鼓叫陣去!

這不是尋死嗎?畢將軍一定是急傻了……

大家提高警惕,別讓他們偷襲,也別讓他們溜了!

咚 咚
咚

好啊,還大搖大擺送上門來!

殺!

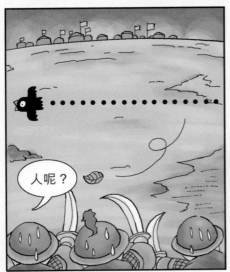

人呢?

呸!又不敢出戰,亂敲什麼鼓。

咚!咚!
咚!

我明白了，這是畢再遇的疲兵之計！

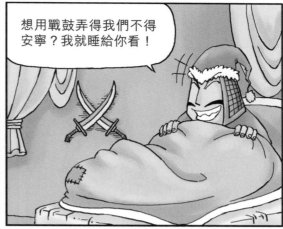

想用戰鼓弄得我們不得安寧？我就睡給你看！

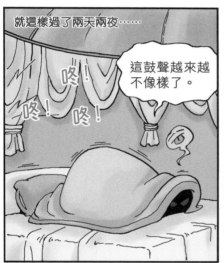

就這樣過了兩天兩夜……

咚！
咚！
咚！

這鼓聲越來越不像樣了。

什麼爛節奏啊！這是人敲出來的嗎？

兩天沒能合眼了……

宋營的鼓聲逐漸微弱，看來宋軍已經疲憊。給我分幾路包抄！

殺！

咚！
咚！
咚！
咚！

宋軍把羊綁着做什麼？

咚！

將軍果然高見，這鼓聲真的不是人敲出來的。

上當了！

可惜羊肉沒吃成！

但是一個追兵都沒有！

隆！

隆！

隆！

追兵！

皇上非常欣賞畢將軍，連撤退都撤得這麼帥，真是威震天下！

呼，原來是使者，又有羊肉吃了。

畢再遇的父親在宋高宗建炎年間跟隨過岳飛，而畢再遇也繼承了父親的志向，成為南宋名將。畢再遇將「金蟬脫殼」計用得出神入化。他先是使用懸羊擊鼓的方法，讓金兵覺得宋兵沒有離開營寨，然後在金兵不加防備的時候，偷偷撤兵溜走。沒有損失一兵一卒就安然撤退，怪不得畢再遇能夠威震天下呢。

「金蟬脫殼」計重在「殼」上。金蟬脫殼，殼完好地留在樹上，使人以為金蟬還在。在用兵上，「殼」就是偽裝。用偽裝迷惑敵人，才能趁機逃跑。

關門捉賊

❖【原文】 小敵困之。剝，不利有攸往①。

❖【解析】 ① 剝，不利有攸往：當萬物呈現剝落之象時，如有所往，則不利。

　　　　　對弱小的敵人，要加以包圍、殲滅，而不要去急追或者遠襲。

❖【案例】 唐末，黃巢率起義軍攻克長安。第二年，唐軍反撲，試圖奪回都城。黃巢眼見自己的軍隊無法迎敵，乾脆帶兵退至城外。於是，唐軍大搖大擺地回到長安，沒有受到任何抵抗。但當他們全部入城後，發現黃巢的軍隊已從外部包圍過來，把長安城圍得水洩不通……

黃巢

唐末農民起義領袖，
原以販賣私鹽為生，
後率眾起義，攻陷唐
都長安。

程宗楚

唐朝大將，黃巢起義
軍攻入長安時，率軍
與黃巢夜戰，最後寡
不敵眾被殺。

唐僖宗

唐朝皇帝，黃巢攻入
長安後，避難於四川
長達四年。

公元881年，黃巢率領起義軍攻克唐朝都城長安。

都城一失，我不就成了亡國之君嗎？我不走！

陛下快走吧！

大將程宗楚想出計策，決定先去成都，再組織反撲。

陛下還是先去成都，組織舊部再捲土重來吧。

讓我帶上私房錢！

進入長安城後，要善待百姓，不准搶掠。

是！

第二年，唐軍反撲，企圖收復長安。

唐軍已經打到鳳翔了！

?!

屬下願意前去退敵！

好，唐軍來勢兇猛，你可以派兵伏擊他們。

尚讓

我們就在這裏等他們來，包圍他們……

我們早埋伏在這裏了！

尚讓不敵唐軍，慌忙撤退。

不好了！我們中了唐軍埋伏，敵眾我寡，慘敗啊！

唐軍聲勢浩大，乘勝進兵，正直逼長安而來。

啊?!

軍情緊急，大家有什麼建議？

打！

跑！

說詳細點！

長安是大家好不容易打下來的，總之不能這麼輕易就讓給他們！

我看現在不宜硬碰，應該以退為進……

你覺得唐軍的程宗楚為人怎樣？

氣焰囂張，目中無人！

好！

傳令下去，部隊全部退出長安！

他們連出城迎戰都不敢了。

長安

殺啊！

亂賊呢？

黃巢見大軍前來，早跑掉了……

哈哈，這羣膽小鬼，跑得還真快！這次奪回了都城，等陛下來了，大家都有重賞！

太好了！

哈哈哈，準備酒宴，慶祝勝利！

可是，我軍酒肉都已經吃光了。

這裏可是長安城啊，你們不會去問百姓們「借」一點嗎？

呵呵，這仗打得太輕鬆了，毫不費力就佔領了長安。

這些酒真好喝。

怎麼了？拿了你們的雞不服氣嗎？

嘿！

唐軍大肆搶掠，引起百姓極大憤恨。

唐軍已全部入城，火速包圍長安！

我這回就是來關門捉賊的！

快收拾他們！他們每天像強盜一樣搶我們的東西！

衝啊！

什麼事那麼吵？

黃……黃巢他們又打回來了！

迎戰！

嘿嘿！

我們的人呢？

被圍在城內、難以脫身的唐兵被盡數消滅。

125

唐僖宗聽到「收復」長安的消息後，計劃重返長安。

長安終究還是我的。

哦？

你們也不用這麼急着來領賞啊。

城打下來，又丟了，還有賞嗎？

黃巢使用的這一計就是叫「關門捉賊」。

126

看完黃巢的「關門捉賊」計，大家是不是覺得此計不能輕易使用呢？運用得不好，就會變成自投羅網，因此運用此計需要謹記幾點原則：

其一，關弱不關強。可以選擇圍困為數不多但機動靈活的敵人，而圍困兵力眾多且聲勢浩大的敵人，就需要謹慎。

其二，「門」要牢牢關好。使出此計，就要讓敵人沒有逃跑的機會，否則前功盡廢。

其三，抓住時機。「關門」和「捉賊」都需要恰當時機，不要猶豫不決或冒進。

遠交近攻

❖【原文】形禁勢格①，利從近取，害以遠隔。上火下澤。

❖【解析】①形禁勢格：禁，禁錮、限制；格，阻礙，意為地理位置受到限制，形勢發展受到阻礙。

地理條件受限，形勢發展受阻時，攻取附近的敵人就有利；繞過近敵，到距離遙遠的地方去攻擊敵人，就會釀出禍患。火向上躥，水向低流，萬事萬物的發展變化莫不如此。

❖【案例】戰國末年，秦國勢力強大，企圖吞併其他六國，但不知該如何下手。此時，曾經是魏國大夫須賈的門客、已經化名為張祿的范雎（粵音追），向秦昭襄王提出一計──先與遠處的齊國結盟，然後攻打近處的國家。這樣，打下一寸地就是秦國的一寸地，打下一尺地就是秦國的一尺地。秦昭襄王採取了范雎的建議，決定先攻打離自己近的魏國⋯⋯

范雎

原為魏國人，曾遭人誣陷受辱，後入秦國，成為秦昭襄王的賢相。

秦昭襄王

秦國國君，即位之初國政被太后和外戚把持，掌權後，對外採用「遠交近攻」的策略。

須賈

魏國中大夫，曾與范雎共同出使齊國，因妒忌范雎而設法誣陷。

魏國丞相，聽信須賈讒言，冤枉范雎。

魏齊

戰國末年，秦國勢力迅速壯大，秦昭襄王企圖吞併六國，但苦無良策……

范雎

秦昭襄王

我們是魏國的使者，想和貴國商議結盟的事。

好！賞！

齊襄公

須賈

多謝，但在下不能接受。

久仰先生大名，請別客氣。

那……我呢？

給。

魏 國

哼！

跟齊王談得如何？

魏國丞相魏齊

一般，不過發現了這個私通齊國的內賊。

啊?!

什麼？給我拖下去，嚴刑拷打！

冤枉啊！我沒出賣魏國！

你一個門客居然在齊國大出風頭，讓我丟臉。哼！

他好像已經不行了。

算了，上面傳話，說把他用葦蓆裹住，扔到茅廁之中。哈哈……

後來，范睢在好友鄭安平的安排下，假裝死去，化名張祿，逃到了秦國的都城咸陽。

公元前270年，秦國丞相穰侯魏冉*要興兵伐齊。

太后控制朝廷，伐齊又是穰侯為自己奪地盤，哪裏還有寡人的位置呢！

急刹！

哎喲！

砰！

找死嗎？讓開！

憑什麼要我讓？

這車上坐的可是秦國的國君！

只聽説秦國有太后、穰侯，哪裏有國君？

先生剛才一句話，真是説到寡人心坎裏！

*穰，粵音羊；冉，粵音染。

大王不嫌我地位低下嗎？

怎會呢？請先生隨寡人回宮詳談。

回宮後，秦昭襄王向化名張祿的范雎說起心中困擾。

自商鞅變法以來，我國實力強大了不少，但寡人十幾年來卻沒有什麼成就，懇請先生指教。

除了穰侯等人沒有忠心辦事外，大王您也有失策的地方。

寡人哪裏失策了？

您隔着韓、魏兩國打齊國，打贏了也無法妥善管理，只能讓韓、魏佔便宜。

那先生有何高見？

應該與遠處的國家結盟而攻打近處的國家，這樣打下一寸地就是大王的一寸地，打下一尺地就是大王的一尺地！

遠交近攻！真是一個絕妙的主意！

撤穰侯職，太后不許再過問政事，由張祿擔任丞相！

133

秦昭襄王決定先打距離自己近的魏國。

秦國大軍壓境，你快去求和。

聽說秦國丞相張祿非常厲害……

你又沒得罪過他，怕什麼！

是……

魏國來使須賈，求見丞相！

丞相在宴請賓客，請你同去。

哦？

馬糧

我……我自己來！

嗯？

我吃……我吃……

啊！啊！啊！

嘻嘻……

呀，這不是須賈大人嗎？要不要去去茅廁？

范睢！怎麼是你?!

我就是為了躲避你們的追殺，才改名叫張祿的。

對不起！

你是來求和的吧？

是是是。

你我也曾同朝共事，這事好辦。

真的？

你只要把魏齊的人頭拿來，我就答應講和。

這哪裏好辦了……

辦不到的話，你的人頭也勉強湊合。

我這就去辦！

魏齊府

秦國丞相要你的人頭才肯講和。

你們幹什麼?!

我和秦國丞相有什麼仇啊？

好像是説私通別國，扔到茅廁什麼的……識相的話就自行了斷吧。

啊?! 原來是范睢！

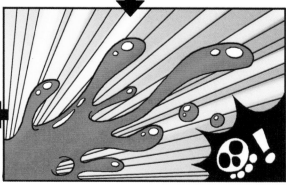

最後，秦國堅持「遠交近攻」的戰略，使自己的實力大大增強，後來由秦始皇嬴政統一了六國。

137

「遠交近攻」是結交遠處的國家而攻打鄰國的戰略。當實現軍事目標的企圖受到地理條件的限制時，應先攻取就近的敵人，而不能越過近敵去攻打遠離自己的敵人。為了防止敵方結盟，要千方百計去分化敵人，逐個擊破。「遠交」實際上是為了避免樹敵過多而採取的外交手段。秦昭襄王聽取了范雎的建議，放棄攻打隔着韓、魏的齊國，而從鄰近自己的魏國下手，逐步擴大了秦國的疆域。

假道伐虢

❖【原文】兩大之間，敵脅以從，我假①以勢。困，有
言不信。

❖【解析】①假：假借。

對於處在敵我兩個大國中間的小國，當敵方強逼
它屈服的時候，我方要立即出兵，顯示威力，給
予小國救援。對於處在困境中的國家，只有空話
而無實際援助，是不能取得對方的信任。

❖【案例】春秋爭霸之時，晉獻公同時垂涎虞（粵音如）、
虢（粵音隙）兩個小國。但這兩個國家不僅為近
鄰，而且關係一向很好，一國被攻擊，另一國必
定會出兵幫助。晉獻公採用大臣荀息的建議，向
虞國國君獻上寶物，順利得到虞國國君的信任，
借虞國的路攻打了虢國。在取勝回國的路上，晉
軍也順便滅掉了虞國……

里克

晉國大臣，同時也是能征善戰的統帥。

晉獻公

晉國的國君，春秋五霸之一晉文公的父親。

荀息

春秋時期晉國大夫。

宮之奇

春秋時期虞國大夫，一直主張虞虢聯盟。

春秋爭霸之時，晉獻公想要攻打
虞國和虢國這兩個小國……

你們說，寡人是先滅虞國好呢，還是先滅虢國好呢？

虞和虢是近鄰，而且關係很好，不論打誰，另一國都會出兵幫忙的。

里克

既然都一樣，不如抽籤決定吧。

雖然是以大欺小，也不能這麼兒戲啊。

那兩國領土雖然差不多大，但兩國的國君卻相差很多。

哦？先生快說！

荀息

虞國的國君貪得無厭，我們正可以投其所好，離間他們。

好！這就派人給他送錢去！

一國的國君，還會缺錢嗎？

那……

要送就送大王最心愛的馬和璧！

我們是不是該考慮換個策略……

只不過讓他暫時保管罷了，等滅了虢國，順路……

我保證一切還是會回到您手中。

好吧……

晉國使者帶着馬和璧去見虞國國君。

好寶貝！

我們大王再三叮囑，千萬不要弄丟……

晉國故意在晉、虢邊境製造事端，分明是想滅掉虢國，這東西收不得！

號國和我結盟多年，從來不知道送禮物給我，滅了也活該。

宮之奇

虞、號兩國唇齒相依，唇亡齒寒，晉國是不會放過我們的！

為了交一個弱朋友而得罪一個強大的朋友，那才是傻瓜呢！

唉！

好說！快開城門！

我們要討伐虢國，希望虞國能借條通道！

宮之奇，你帶人迎上去。

好，趁他們不備，殲滅他們！

我是讓你去給晉國將軍帶路！

看來我們虞國也難逃亡國的命運啊。

不久，虢國滅亡。

恭喜將軍得勝歸來！

咳，咳！

將軍真是辛苦了。

我身體不適，暫時不能帶兵回國，能否先讓部隊在你們這裏駐紮一陣子？

這……

144

滅虢國的事多虧你們幫忙，這是奪來的財產，我們平分吧！

將軍想住多久就住多久！

幾天後

我是來打獵的，你要不要和我一起去？

一定奉陪！

晉獻公

我這馬怎麼樣？

快是快，就是有時候會亂跑。

牠一向很聽話的，你只要這樣做……

145

你們想……

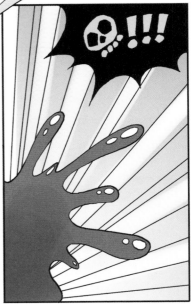

……幹什麼？

你是怎樣進去的?!

咳咳，是我開的門。

你！你們！

就這樣，晉國輕而易舉地滅了虢國和虞國。

大王現在可以收回您的寶貝了。

快說，我的璧在哪兒？

我死也不會還給你的！

　　看了這個故事，我們知道虢國和虞國雖為小國，但唇齒相依，如兩國合力，別國不敢輕易侵犯。然而，虞國國君不聽宮之奇的忠言，貪小便宜吃大虧，給了晉國可乘之機。晉獻公沒有靠兵力強攻虞、虢兩國，而是抓住了虞國國君的弱點，採取分化虞、虢兩國的方法，誘使虞國國君上當，以最小的代價獲得了最大的收益。

　　使用「假道伐虢」計需要注意的是「假道」。「假道」的辦法基本上有贈以寶物、空頭許諾、巧言打動等幾種，然後以不侵犯對方的利益為誘餌，隱藏真實意圖，最後出奇制勝。

漫畫三十六計（中）

編　　繪：洋洋兔
責任編輯：陳志倩
美術設計：陳雅琳
出　　版：新雅文化事業有限公司
　　　　　香港英皇道 499 號北角工業大廈 18 樓
　　　　　電話：（852）2138 7998
　　　　　傳真：（852）2597 4003
　　　　　網址：http://www.sunya.com.hk
　　　　　電郵：marketing@sunya.com.hk
發　　行：香港聯合書刊物流有限公司
　　　　　香港荃灣德士古道220-248號荃灣工業中心16樓
　　　　　電話：（852）2150 2100
　　　　　傳真：（852）2407 3062
　　　　　電郵：info@suplogistics.com.hk
印　　刷：中華商務彩色印刷有限公司
　　　　　香港新界大埔汀麗路 36 號
版　　次：二〇二〇年八月初版
　　　　　二〇二二年九月第三次印刷

版權所有・不准翻印

ISBN: 978-962-08-7568-7
Traditional Chinese edition © 2020 Sun Ya Publications (HK) Ltd.
18/F, North Point Industrial Building, 499 King's Road, Hong Kong
Published in Hong Kong, China
Printed in China

本書中文繁體字版權經由北京洋洋兔文化發展有限公司，授權香港
新雅文化事業有限公司於香港及澳門地區獨家出版發行。